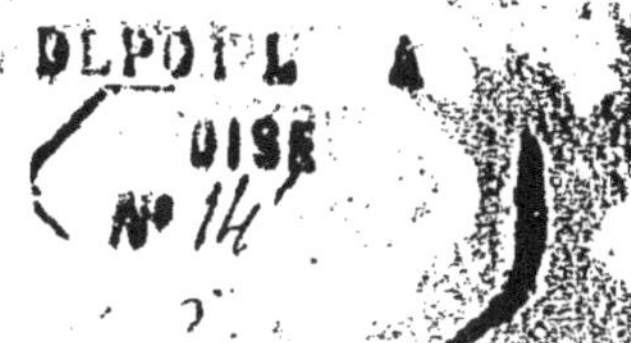

PENSIONS

DE

RETRAITE

Pour les Vieux Ouvriers

PAR

E. THIRION

PRIX : 50 CENTIMES

PARIS

LIBRAIRIE FISCHBACHER

33, Rue de Seine, 33

1900

PENSIONS

DE

RETRAITE

Pour les Vieux Ouvriers

PAR

E. THIRION

PRIX : 50 CENTIMES

PARIS

LIBRAIRIE FISCHBACHER

33, Rue de Seine, 33

900

Pensions de Retraite

POUR LES VIEUX OUVRIERS

———◆———

I

La *question sociale* est, à coup sûr, l'objet des préoccupations les plus constantes du prolétariat. Au point de vue de la sécurité intérieure et de l'avenir économique du pays, nos représentants ont le tort grave de lui subordonner fréquemment l'étude d'intérêts moins généraux et moins urgents, et, surtout, la satisfaction de leurs ambitions personnelles, ou de celles de leurs électeurs les plus influents.

Et pourtant, il me semble que la solution de cette question, on pourrait bien dire *vitale*, n'offrirait peut-être pas autant de difficulté qu'on se l'imagine généralement, faute de l'avoir soumise à une étude suffisamment sérieuse et attentive.

En effet, si les politiciens, qui en vivent, qui exploitent, à leur profit, les aspirations des prolétaires, lui donnent une extension et un développement infinis, au point de n'en montrer le but, et le terme, que dans une rénovation complète de la société actuelle, au risque de compromettre à jamais la sécurité nationale, et de tarir les sources où s'alimente la richesse publique, élément indispensable des satisfactions quotidiennes d'un peuple, — matérielles, morales et même esthétiques — les prolétaires eux-mêmes ressentent, je crois, un besoin plus restreint, plus spécial, et, après tout aussi, plus facilement réalisable.

Beaucoup d'ouvriers, quand on les interroge, en conversation familière et cordiale, sur ce grave problème, avouent franchement ne pas comprendre grand'chose aux arguments et principalement aux solutions que préconisent les théoriciens du collectivisme. Ce qui les frappe particulièrement, et ce qu'ils retiennent le plus aisément, dans ces soi-disant principes socialistes, c'est que, tandis

qu'eux-mêmes ne reçoivent journellement qu'un salaire fixe, toujours le
même, l'entrepreneur qui les emploie
obtient, lui, par moments, des bénéfices considérables, hors de proportion
avec la part réduite qui en est réservée
à la main-d'œuvre.

Que si, rectifiant les idées fausses
que les journaux ou les conférenciers
leur ont inculquées à ce sujet, on leur
fait remarquer, d'une part, que l'in-
vention du procédé ou de la machine,
le calcul des risques commerciaux et
l'étude des goûts et des besoins du
consommateur, sont un genre de travail qui mérite également sa rémuné-
ration, et, d'autre part, que le salaire
de l'ouvrier, augmentant en même
temps que la prospérité de l'entreprise,
devra également, en bonne justice, se
réduire, et peut-être même être sup-
primé complètement, en cas d'insuccès
de la vente, la plupart, c'est-à-dire
les plus raisonnables, baissent la tête
et semblent reconnaître la difficulté
de concilier, sur ce terrain, l'intérêt
du travailleur et celui du patron.

Mais alors aussi, invariablement, ils
se réfugient dans une thèse qu'ils
sentent si inattaquable, qu'ils la défen-
dent avec une intransigeance irré-
ductible ; non, souvent, par des
arguments, qui leur font défaut, sur-

tout à cause de leur ignorance économique, mais par des raisons de sentiment auxquelles il est, il faut le reconnaître, difficile de répondre victorieusement. Est-il juste, est-il humain, disent-ils, qu'un homme ait pu, toute sa vie, de vingt à soixante ans par exemple, user ses forces, sa santé dans un labeur incessant, se soit vu privé de presque toutes les jouissances que la richesse prodigue à certains autres, contribuant pourtant de tous ses efforts à la création de ces utilités dont une société bien organisée ne saurait se passer, — tout cela pour aboutir, quand l'âge et la faiblesse l'ont rendu incapable de tout travail, à être à la charge de ses proches ou à tendre la main à des étrangers ?

En quoi ils ont pleinement raison. Et même, les arguments qu'ils ne savent pas invoquer ne manqueraient pas en faveur de leur thèse. Ils voient, autour d'eux, l'Etat garantissant leurs revenus aux propriétaires du sol, leurs bénéfices aux filateurs, aux maitres de forges, aux fabricants de sucre, aux raffineurs ; les fonctionnaires, les employés, les soldats, les douaniers, les gendarmes jouissent, dans leur vieillesse, de retraites garanties par l'impôt, et auxquelles, par conséquent, les ouvriers fournissent leur quote-part, en qualité de contribuables.

Que si on leur objecte que l'employé ou le fonctionnaire, en compensation de la sécurité matérielle qu'ils acquièrent, font le sacrifice de leur liberté, au moins dans une certaine mesure, puisque la discipline à laquelle ils sont soumis, vis-à-vis de leurs supérieurs, peut entraver leur avancement, et même parfois briser leur carrière, ils ne sont pas, hélas ! depuis assez longtemps, ni même assez complètement affranchis de toute sujétion, pour apprécier complètement leur douteuse supériorité. Ils peuvent même répondre, non sans raison, que la véritable liberté n'appartient qu'à celui dont la vie matérielle est assurée, et que le patron qui les paie, et qui peut parfois les priver de travail, est aussi redoutable pour eux qu'un inspecteur l'est pour le commis qu'il peut priver de son emploi.

II

A la vérité, l'économie politique nous enseigne qu'un capital ne devient productif qu'en se consommant, et qu'il finirait bien vite par se détruire si, pour le reconstituer, son détenteur n'économisait pas régulièrement une partie du profit qu'il en retire. Or, l'ouvrier aussi possède un capital : sa force physique et sa santé ; mais le *capital - force*, comme le *capital- argent*, ne devient producteur qu'en se consommant, en s'épuisant.

Si l'on voulait poursuivre, jusqu'au bout, la comparaison entre le capital-force et le capital — argent, on verrait que le premier peut à peu près se reconstituer aussi bien que l'autre ; c'est-à-dire que, en économisant une part des produits que l'on en tire, en un mot du salaire, il n'est pas impossible de s'amasser, pour la vieillesse, une rente avec laquelle l'existence matérielle soit assurée, à l'heure même où les forces déclinantes ne permettraient plus de se livrer à un travail rémunérateur.

Les personnes peu familiarisées avec ce genre de calculs, ne sauraient se faire une idée de la puissance d'accumulation de l'épargne. Ainsi, une économie de 10 centimes par jour, régulièrement continuée depuis l'âge de seize ans, donne droit, à l'âge de soixante ans, à une rente viagère de 500 fr. 10 centimes par an ! C'est, à coup sûr, un sacrifice que tout ouvrier sobre et régulier dans son travail pourrait s'imposer sans entraîner de véritables privations ; surtout s'il était prélevé sur la consommation de l'alcool ou du tabac.

Néanmoins, il faut bien reconnaître que ce serait parfois un sacrifice. La vie est si chère, à l'époque actuelle, que, en tenant compte des chômages, fréquents dans certaines industries, de l'éducation, de l'entretien et des maladies des enfants, l'ouvrier qui n'a pas un état spécial, un manouvrier par exemple, a souvent bien de la peine à boucler son petit budget ; pour peu que des circonstances malheureuses l'obligent à suspendre ses versements périodiques, on comprend que le découragement s'empare de lui ; et même, en présence d'une nécessité pressante, s'il doit avoir recours à l'épargne commencée pour se tirer d'embarras, il arrivera, bien souvent, qu'elle lui fondra dans les mains, et qu'il n'aura plus le courage de la recommencer.

Mais, cette cherté de la vie, à quoi tient-elle, sinon, au moins pour la plus grande partie, aux droits que l'Etat et les communes établissent sur les objets de première nécessité ? Et comme, à raison de l'impossibilité bien constatée de la plupart des ouvriers de prélever, sur leurs salaires, les économies nécessaires pour garantir la sécurité de leurs vieux jours, c'est à l'Etat, ou aux communes, que les législateurs sont induits à demander de s'en charger eux-mêmes, ce qui apparaît immédiatement comme un étrange résultat de l'organisation sociale actuelle, c'est que l'Etat, par ces impôts indirects, en rendant la vie plus coûteuse, rend les retraites plus onéreuses quand il les fournit lui-même, et plus difficiles à acquérir quand c'est l'intéressé qui s'efforce de se les assurer.

Quand on se trouve en présence de ce problème, la première pensée qui vous vient, c'est de se demander pourquoi l'Etat ne commence pas par renoncer à des impôts aussi mal établis. D'autant plus que toute simplification, en matière fiscale, est une économie, puisque la perception et l'attribution des sommes obtenues par l'impôt impliquent une comptabilité qui nécessite le travail d'employés spéciaux, qu'il faut rémunérer. Mais, à la réflexion, on ne tarde pas à comprendre, sans l'approuver, que trop d'intérêts privés trouvent, dans ce genre d'impôts, une satisfaction égoïste pour qu'il soit possible, au moins d'ici longtemps, d'obtenir du Parlement un sacrifice aussi pénible.

III

Ainsi tout concourt à faire voir dans l'intervention de l'Etat, ou des communes, le seul moyen *actuel* de résoudre cette question palpitante. S'il est vrai que l'élite des ouvriers, ceux qui gagnent de forts salaires, pourraient s'assurer, par eux-mêmes, la sécurité de leurs vieux jours, il est non moins vrai que la plus grande partie des prolétaires, tant par l'exiguité de leurs salaires que par le prix des objets de première nécessité, voient leurs ressources personnelles insuffisantes pour économiser même les petites sommes qu'une semblable prévoyance exigerait.

Mais alors, il s'agit de savoir ce que coûterait cette intervention des pouvoirs publics ; car il tombe sous le sens que l'application du système, quel qu'il soit, ne peut être poursuivie que si la dépense qu'elle occasionnerait ne dépasse pas les ressources normales de la société tout entière. C'est un calcul délicat, difficile, et qui ne peut être qu'approximatif ; il importe, du moins, de le faire le plus approchant possible de la réalité.

Si on examine la liste des électeurs d'une commune déterminée, urbaine, moyenne, mais non industrielle, on y trouve 1247 inscriptions, sur lesquelles 253 désignent des personnes ayant atteint l'âge de soixante ans et au delà.

Parmi ces 253 sexagénaires, quelqu'un qui connait bien la localité croit pouvoir en éliminer 128 qui sont notoirement à l'abri du besoin, soit riches, soit propriétaires ou rentiers. Il en reste donc seulement 125 à pourvoir. Pourtant il semble juste de doubler ce chiffre, à supposer que les femmes soient en nombre égal. Si les femmes trouvent plus facilement à se rendre utiles et à payer leur nourriture par les services qu'elles peuvent rendre, par exemple chez leurs enfants, en s'occupant des plus petits ou même du ménage, d'autre part des statistiques assez sérieuses semblent constater qu'elles atteignent généralement un âge avancé en plus grand nombre que les hommes. Enfin des ouvriers, déjà gênés par l'exiguité des salaires, ne sont pas, pour la plupart, en position de nourrir leurs mères âgées ou infirmes.

Maintenant, il s'agit d'établir le taux de la pension de retraite qu'il conviendrait d'accorder à ces sexagénaires. On semble, en général, penser qu'elle devrait être d'environ un franc par jour, pour pourvoir à leurs besoins les plus urgents ; soit, en nombre rond, de 360 francs par an. Combien un pays comme la France aurait-il de pensions de ce genre à servir ?

Si on part du calcul fait plus haut,

du nombre de vieillards indigents — hommes et femmes — existant dans une commune moyenne, pour évaluer le chiffre de ceux qui existent dans le pays tout entier, une opération d'arithmétique très simple (1247 : 250 :: 10 500 000 : x) donne une probabilité d'environ 2.100.000 sexagénaires dénués de ressources. Des agglomérations industrielles fourniraient probablement un nombre proportionnel plus élevé ; mais, en compensation, on admet généralement que les populations rurales comprennent une proportion d'indigents moins considérable que les autres.

Néanmoins, ce premier aperçu de la solution du problème par l'intervention de l'Etat fait tout de suite apparaître un chiffre de dépense formidable : le montant des pensions de retraite, de 360 francs chacune, attribuées aux 2 millions passés de sexagénaires, serait annuellement de plus de 750 millions. Par quelle diminution des dépenses budgétaires, ou par quelle énorme augmentation des impôts, pourrait-on y pourvoir ?

C'est là une constatation qu'il importe de faire. On parle de ces retraites pour les vieillards ; on en discute le plus ou le moins d'opportunité ; on se familiarise même, dans le public, avec cette idée, au point de se sentir prêt à reprocher au Gouvernement de ne pas en hâter assez la réalisation ; on ne néglige qu'une seule chose, c'est de chercher à savoir ce qu'il en coûterait au pays. Ceux-là, sans doute, seuls s'en sont déjà rendu compte qui cherchent une solution qui leur semble plus pratique dans le concours du patron, de l'ouvrier et de l'Etat.

IV

Ce système est déjà essayé en Allemagne ; on dit qu'il donne d'assez médiocres résultats ; en tout cas, les pensions de retraites qu'il procure aux ouvriers, bien loin d'atteindre le chiffre de 360 francs, oscillent, en plus ou en moins, autour d'une centaine de francs seulement.

D'ailleurs, il donne lieu à d'assez fortes objections.

Pour ce qui est du concours du patron, il faut supposer que ce patron fera toujours de bonnes affaires Il faut reconnaître aussi que sa contribution, si faible qu'elle soit, ne sera pas, au fond, autre chose qu'une augmentation déguisée des salaires, et, par conséquent, de la main-d'œuvre ; au total, une majoration du prix de revient de la marchandise fabriquée.

A l'époque où nous sommes, et quand on voit notre commerce extérieur depuis dix ans, sinon diminuer, du moins rester presque stationnaire, tandis que celui de nos concurrents augmente dans de grandes proportions — Allemagne 31 %, Belgique 14 %, Angleterre 10 %, Chine 80 %, Japon 180 %, etc., etc., — on se demande, avec quelque raison, si rendre notre production industrielle plus coûteuse n'est pas le plus sûr moyen de nous rendre la lutte impossible sur les marchés étrangers.

Pour ce qui est de l'ouvrier, on sait déjà combien l'épargne lui est difficile, en France, à cause des droits qui grèvent les objets de première nécessité. Bien peu, parmi eux, seraient en état de s'imposer le sacrifice nécessaire pour contribuer à l'établissement de leur pension. Tous les journaliers, manouvriers et autres, gagnant de faibles salaires ou sujets à de fréquents chômages, seraient absolument hors d'état de le faire. On s'en rend compte si l'on compare le taux de la pension accordée par l'Etat à ses petits employés, facteurs, cantonniers, etc., etc. avec le produit réel des retenues opérées sur leurs appointements S'ils n'obtenaient que juste le produit normal des retenues opérées sur leurs salaires, leur retraite ne suffirait pas à leurs plus urgents besoins.

Enfin, il est de notoriété que la vie est moins chère en Allemagne que chez nous.

Si même l'Etat devait être chargé de capitaliser les versements du patron et de l'ouvrier, en vue de constituer le capital suffisant pour servir une pension de retraite à ce dernier, il arriverait probablement une époque où, continuant leurs comparaisons entre les fonctionnaires et eux-mêmes, les ouvriers demanderaient pourquoi leurs versements ne sont pas majorés, comme ceux des employés de l'Etat. Dans quelles proportions alors ne serait pas augmenté cet écart, déjà si inquiétant, qui existe entre le montant des retraites et celui des retenues faites sur les émoluments des fonctionnaires ? D'après M. Paul Leroy Beaulieu, l'Etat payait, en 1872, 88 millions de pensions civiles et militaires, et ne percevait que 17 millions provenant des retenues sur les traitements. L'écart, on le comprend, n'a pu que s'augmenter encore, depuis ce temps.

Enfin, dans les discussions préliminaires auxquelles ce système a déjà donné lieu, la plupart de ses partisans n'ont jamais dissimulé qu'ils ne le considéraient que comme un acheminement à ce qu'ils estiment être la seule vraie solution possible, c'est-à-dire l'État assumant seul les charges résultant de la constitution de pensions de retraite aux vieux ouvriers.

Or, nous avons vu, plus haut, quelle somme considérable il faudrait, de ce chef, inscrire au budget des dépenses, et le peu de probabilité qu'il y a que l'impôt puisse être augmenté dans la proportion nécessaire. On a parlé d'y affecter le budget des cultes ; mais il n'est, au total, que de 46 millions. Dans la pensée de quelques-uns, l'impôt sur le revenu serait destiné à pourvoir à cette dépense ; mais les petits revenus devant être, à bon droit, exemptés de cette taxe, il reste à savoir si les revenus, gros et moyens, seraient en état de supporter un prélèvement de 750 millions, en plus de tous les impôts qu'ils paient déjà.

V

En présence de ces difficultés, on en arrive à se demander si l'on ne pourrait pas diminuer le taux des retraites. Ce serait peut-être le plus sûr moyen d'en rendre l'attribution possible, en écartant la plus grosse des objections qu'on lui ait opposées. Indépendamment de cette raison, on va voir qu'il y en a bien d'autres, et de non moins sérieuses.

L'humanité est, hélas ! bien loin d'être parfaite. Parmi les lois naturelles sur lesquelles se base la science économique, il en est une qui semble difficilement contestable, en ce sens du moins qu'elle est bien d'accord avec ce que nous connaissons tous de notre propre caractère ; c'est celle que l'on a nommée *La loi du moindre effort*, en vertu de laquelle l'homme cherche toujours à obtenir un résultat donné avec la moindre dépense possible de forces et de travail.

Or, de nombreux exemples nous démontrent que, dans un pays où chacun, arrivé à la vieillesse, serait assuré d'obtenir gratuitement un revenu suffisant à la satisfaction de ses plus urgents besoins, on ne verrait bientôt presque plus personne se préoccuper du temps où ses forces ne lui permettraient plus de travailler ; et alors les habitudes d'épargne, d'économie et de prévoyance, déjà malheureusement si peu répandues de nos jours, disparaîtraient complètement. Ajoutons que le peu d'argent ainsi soustrait à la caisse d'épargne, à la caisse des retraites, ou aux sociétés de secours mutuels, ne servirait probablement qu'à accroître les recettes du cabaretier ; on verrait donc, de ce chef, augmenter encore les délits ou les crimes, la dégénérescence et les maladies qui sont le fruit de l'alcoolisme !

La taxe des pauvres, en Angle-terre, paraît avoir produit d'assez semblables effets. Beaucoup d'écrivains, dans ce pays, se sont élevés contre son application, l'accusant de favoriser la paresse, l'imprévoyance et l'ivrognerie. Dans une ville de l'Oise où existe un hospice qui recueille, à partir de soixante ans, les vieillards indigents, il n'est pas rare de voir des ouvriers valides dépenser, sans compter, tout ce qu'ils gagnent, déclarant sans scrupule qu'ils n'ont aucune raison de faire des économies et de s'imposer, pour cela, des privations, puisque l'hospice les recueillera quand ils ne pourront plus travailler.

C'est là le résultat le plus fâcheux que l'on pourrait craindre, en entrant dans cette voie. Décourager la prévoyance et l'économie, c'est diminuer l'homme en le privant du ressort le plus puissant pour élever sa valeur morale. Non seulement celui qui s'abandonne ainsi lui-même se classe volontairement au dernier rang des citoyens, et se rend pour ainsi dire indigne d'exercer les droits civiques en vertu desquels chacun de nous a l'honneur de participer au gouvernement du pays, mais encore il contribue à un recul général qui finirait par nous mettre au dernier rang des nations.

L'état démocratique, pour ne pas être une impossibilité ou un leurre, exige une franche majorité de citoyens véritablement indépendants. Sinon les suffrages peuvent être donnés à la légère, par suite d'entraînement ou de captation, achetés même, comme il n'est encore que trop commun de le voir dans certains pays arriérés. Or, il n'y a de véritablement indépendant que le citoyen qui n'attend pas sa vie de chaque jour de la bonne volonté d'une personne quelconque, ou, ce qui est pire encore, de l'administration. Il n'y a de véritablement indépendant que celui qui exerce journellement la plus noble de ses facultés, la *volonté* ; celui-là ne compte jamais que sur lui-même, et, pour arriver à ce résultat, sait, au besoin, s'imposer des sacrifices, des privations, des devoirs.

VI

Mais, avec un taux suffisamment réduit des pensions de retraite, nous croyons que l'on échapperait à une partie au moins de ces inconvénients. C'est ce que nous allons examiner avec quelque détail.

Supposons qu'il s'agisse de garantir,

à chaque sexagénaire indigent, une minime pension de 180 fr. par an. Ce serait, on peut le dire, son pain tout juste. Mais, enfin, il ne serait plus, dans le cas d'indigence absolue, exposé à mourir littéralement de faim.

Quelles seraient les conséquences de cette mesure ?

1° La dépense serait diminuée de moitié. Que l'on adopte le système d'après lequel l'État seul devrait la supporter, ou celui qui la ferait partager à l'État, au patron et à l'ouvrier, ou, encore, si l'on décidait que chaque commune, étant responsable de ses pauvres, doit être également chargée de pourvoir à l'entretien de ses vieillards, de toute façon, en un mot, on verrait, non pas disparaître, mais s'atténuer considérablement l'objection basée sur l'énormité de cette dépense.

2° Il paraît probable que ce taux de 50 centimes par jour, même si bas, serait suffisant. En effet, dans les localités où il n'existe pas d'hospice gratuit pareil à celui dont nous avons parlé plus haut, ceux qui existent n'hésiteraient certainement pas à accueillir tous les vieillards indigents qui leur apporteraient cette petite pension alimentaire. Là même où il n'y en a pas encore, il deviendrait beaucoup plus facile d'en fonder, avec la certitude de leur procurer ainsi, sinon des ressources suffisantes, du moins une atténuation importante de leurs frais journaliers.

3° Dans le cas, évidemment de plus en plus fréquent, en raison même de cette pension de retraite, où le vieillard serait recueilli chez l'un ou l'autre de ses enfants, on n'assisterait plus à ce spectacle lamentable, malheureusement aujourd'hui si ordinaire, de l'aïeul considéré comme une charge; on ne verrait plus ses enfants se plaindre de la dépense, désirer sa mort, et, le cas échéant, la considérer même comme une délivrance. Pour qui connait les idées et les habitudes de ces déshérités de la fortune, il est évident que cette modeste somme d'argent liquide, périodiquement échue, serait la bienvenue ; que, au cas de plusieurs enfants, chacun d'eux serait plutôt prêt à se disputer l'entretien du père, et croirait même perdre quelque chose à son décès.

4° Enfin, nous en espérerions un autre résultat, plus intéressant encore, et plus fécond au point de vue de l'amélioration morale de la population dans l'avenir. Etre assuré d'une retraite de 180 fr. par an, c'est quelque chose ; nous l'avons dit, c'est le pain quotidien ; mais rien de plus. Or, si un ouvrier réfléchi. comme il y en a certes déjà, et comme le nombre ne peut que s'en accroître de jour en jour, grâce à l'instruction de plus en plus largement. répandue, hésiterait peut-être encore à s'imposer quelques privations pour s'assurer une aussi médiocre retraite ; son point de vue pourra bien changer s'il se la sent déjà assurée gratuitement. Car, alors, sa modeste épargne, venant doubler par exemple cette ressource déjà certaine, le constituerait une espèce de rentier sérieux.

En effet, conformément aux calculs que nous avons déjà présentés au début de cette étude, et qui sont incontestables, étant extraits des barèmes de la *Caisse nationale de retraites pour la vieillesse*, c'est moins de 5 centimes par jour qu'il suffirait d'économiser, de vingt à soixante ans, pour avoir droit, après ce laps de temps, à une rente viagère de 180 fr. ; ce qui, joint à pareille somme assurée par l'État ou la commune, ferait un total de 360 fr., ou 1 fr. par jour.

Ainsi serait propagée l'idée de prévoyance, d'épargne. et aussi de sobriété nécessaire pour la mettre en action. Petit à petit, elle passerait dans les habitudes ; et, si un jour, d'heureuses circonstances venaient modifier l'or—

ganisation fiscale de notre pays, **si** contraire aujourd'hui aux intérêts des prolétaires, leurs ressources accrues et leurs mœurs modifiées leur permettraient de procéder par eux-mêmes à leur affranchissement, leur garantissant ainsi, avec la sécurité de leur vieillesse, acquise par un effort personnel, le relèvement de leur caractère et leur indépendance politique.

VII

Si, maintenant, nous voulons résumer les considérations auxquelles nous venons de nous livrer, et essayer d'en tirer les conclusions, nous verrons, tout d'abord, qu'il ne faut pas compter, pour la constitution des pensions de retraite pour la vieillesse, sur la coopération des patrons. En premier lieu, il ne pourrait être question que des patrons qui réussissent dans leurs entreprises ; pour les autres, non seulement leur apport serait très aléatoire, mais, encore, cette charge nouvelle, dans des affaires déjà difficiles, ne pourrait que précipiter leur déconfiture. Il pourrait même arriver que les apports déjà constitués au profit de leurs ouvriers fussent absolument compromis en même temps que leur capital propre.

Dans l'état actuel de notre organisation économique, nous avons déjà établi qu'une contribution personnelle ne saurait être équitablement exigée de tous les ouvriers ; et il n'y a que ceux qui touchent un salaire élevé, et qui ne sont pas sujets à des chômages prolongés, qui seraient en état de faire face, à la fois, à la dépense journalière, causée par le surenchérissement des objets de première nécessité, et aux sacrifices périodiques imposés par la constitution d'une pension de retraite. Ajoutons, pour ceux qui s'effraient, à tort ou à raison, de la dépopulation de la France, que ce ne serait peut-être pas là le meilleur moyen de l'enrayer, puisque l'entretien d'une nombreuse famille rendrait encore plus pénible cette nécessité d'économies et de privations.

En conséquence, il est de toute évidence que nous ne pouvons compter que sur l'État, ou la commune. Quant à nous, nous sommes absolument opposés à l'intervention de l'État dans cette affaire.

En effet, même en réduisant à 180 fr. par an le montant des retraites, si on voulait en donner aux femmes aussi bien qu'aux hommes — et il est difficile d'admettre qu'il en soit autrement, car il n'y a pas de raison pour réduire la femme plutôt que l'homme à la mendicité obligatoire ou à tomber à la charge de ses enfants — on se trouverait encore en face du formidable chiffre de 375 millions que coûterait annuellement à l'Etat le service de ces pensions.

D'autre part, ceux qu'une conception économique, selon nous très fausse, conduit à charger l'Etat de tous les services publics, sans distinction, ne s'aperçoivent pas que cette *centralisation*, dont ils favorisent ainsi le développement, est déjà aujourd'hui un des vices les plus dommageables de notre état social. Elle est très coûteuse, parce que les députés et les sénateurs, perdus dans un ensemble aussi considérable que celui du budget national, n'en peuvent contrôler efficacement tous les détails. Elle est une source d'arbitraire, en ce sens que les ministres, maîtres presque absolus de tout et de tous, disposent à leur gré, ou de complicité avec leur majorité, des emplois, des faveurs, des grâces, des avancements, et sont, de plus, incités à multiplier le nombre des fonctionnaires inutiles pour accroître leur influence et se maintenir au pouvoir. Elle est nuisible au point de vue politique et administratif, car elle met tous les intérêts généraux aux mains d'une sorte d'oligarchie composée des membres du Parlement, annihilant à peu près complètement nos assemblées départementales qui, si elles étaient pourvues d'attributions plus étendues, utiliseraient, au profit des populations, des intelligences inoccupées, administreraient avec plus d'économie des budgets plus restreints que le budget national, contrôleraient, avec bien plus d'efficacité, les services publics.

Mais, au point de vue spécial qui nous occupe, il y a encore une autre raison pour ne pas charger l'Etat de cette nouvelle attribution. Il est évident que, votées par une loi unique et pour toute la France, les pensions de retraite seraient à un taux uniforme, ce qui pourrait comporter de grandes injustices. S'il y a des localités où 180 fr. par an constituent une rente relativement satisfaisante, il en est aussi où cette somme ne pourrait suffire à mettre un vieillard à l'abri du besoin. Le climat, les habitudes, le taux de la richesse générale sont des conditions très différentes d'un département à un autre, d'un canton à un autre, d'une commune à une autre.

La commune, au contraire, constitue un centre homogène qui comporterait, selon ses conditions particulières, un taux spécial et déterminé, sans compter que, au sein d'une commune, chacun se connait mieux, de sorte que l'administration locale y est plus en mesure que dans un périmètre plus étendu, d'apprécier les besoins et le manque réel de ressources des uns et des autres.

VIII

Ainsi, de déduction en déduction, et en procédant par voie d'élimination, nous en sommes arrivés à établir que le taux des retraites pour les sexagénaires indigents, devrait être de 180 fr. par an, et que la constitution en incomberait à la commune.

Cependant, il faut s'entendre. On objectera peut-être qu'il y a nombre de communes qui sont trop petites, c'est-à-dire trop peu peuplées et trop pauvres, pour être en état d'assumer une charge pareille. Il en est malheureusement de même pour bien des choses, par exemple pour la fondation et l'entretien des hospices et hôpitaux. Au point de vue politique également, les petites communes favorisent l'indifférence générale dont on se plaint à bon droit. Au point de vue économique, c'est peut-être plus regrettable encore, parce qu'elles n'offrent pas les éléments indispensables de groupements qui permettraient de réaliser certains progrès : sociétés de secours mutuels, syndicats de production ou de consommation, etc., etc., qui, en outre du bien être qu'ils apportent aux populations, ont, de plus, le mérite de les habituer à se réunir, à s'entendre, à mieux comprendre leurs intérêts solidaires.

C'est pour ce motif que beaucoup d'esprits éclairés, appartenant à tous les partis politiques, préconisent un système de *décentralisation administrative*, sur lequel il est presque inutile de revenir, après ce que nous avons dit plus haut des graves inconvénients de la centralisation actuelle.

Cependant, nous croyons que la meilleure formule de cette réforme serait la constitution de conseils cantonaux, disposant d'un budget constitué par l'ensemble des ressources de toutes les communes du canton. Comme il n'y a guère de canton qui ne compte huit à dix mille habitants, on y trouverait les éléments nécessaires pour subvenir à toutes les dépenses, particulièrement à celles d'assistance publique, auxquelles, isolées, les petites communes sont incapables de pourvoir.

Du reste, cette impuissance des petites communes a déjà frappé le Parlement, puisque, par une loi en date du 22 mars 1890, il a autorisé les communes à s'entendre et à se syndiquer dans un but commun, en y employant une partie de leurs ressources particulières. Il est certes bien fâcheux que les législateurs n'aient pas eu le courage d'aller jusqu'au bout de cette utile réforme, en constituant d'office ces syndicats communaux ; mais c'est déjà quelque chose qu'ils puissent se former là où l'union des bonnes volontés le permettrait. C'est même suffisant pour le but d'assistance mutuelle que nous préconisons, en ce sens que, essayées avec succès sur quelques points, ces unions de communes ne tarderaient sans doute pas à devenir une règle générale.

Si nous n'envisagions que notre région, il nous serait aisé de constater que tous les cantons y contiennent une population suffisante pour réunir les ressources nécessaires ; ceux qui ont moins de dix mille habitants sont des cantons ruraux, dans lesquels, nous l'avons déjà dit, la proportion des indigents est généralement inférieure à la moyenne ; souvent aussi, la tranquillité dont on y jouit et le voisinage des grands centres urbains, y ont amené la construction de maisons de campagne ou de châteaux qui sont une cause de relèvement de la richesse générale.

Que si on nous objectait l'existence,
dans certains départements excentri-
ques, de cantons dont la population
ne dépasse guère le chiffre de quatre
mille habitants, la loi, ce nous semble,
n'a pas spécifié que les communes qui
s'uniraient dans un but économique
déterminé dussent appartenir au même
canton. Et, dans le cas contraire,
nous ne verrions là qu'une imper-
fection législative, à laquelle il serait
urgent et d'ailleurs bien facile de
remédier. Enfin, nous le répétons
encore, ces cantons sont évidemment
des cantons absolument ruraux, c'est-
à-dire de ceux où, si la richesse générale est moindre, l'indigence est plus
rare aussi, parce que la terre, non seulement nourrit abondamment l'homme
qui la cultive, mais encore lui donne,
avec l'envie d'en devenir propriétaire,
les habitudes d'économie et de sobriété
indispensables pour la réalisation de
cette espérance.

IX

Arrivés à ce point de notre étude,
nous ne pouvons cependant pas dissimuler à nos lecteurs que nous sommes
foncièrement hostiles à toute intervention obligatoire des pouvoirs publics
dans les affaires des particuliers. Ainsi,

dans l'espèce, ce n'est pas seulement l'Etat qui nous apparaît comme inutile pour la solution que nous voudrions voir aboutir, mais c'est même la commune. Ce n'est donc pas à une loi que nous voudrions avoir recours, même au cas où les communes se chargeraient de l'assistance de leurs vieillards ; mais à une bonne volonté spontanée, à une entente intelligente des citoyens, en vue de l'intérêt général.

L'intérêt général est qu'il y ait le plus de riches possibles dans un pays ; il n'est pas nécessaire de montrer que ce pays, en effet, serait le plus riche de tous. Mais il y a mieux : l'intérêt particulier de celui qui est riche, est qu'il y ait, autour de lui, le moins grand nombre d'indigents qu'il se pourra ; sa sécurité personnelle ne pourrait que s'en accroître. C'est le dénûment, c'est la vie matérielle incertaine, c'est la jalousie qu'inspire le riche indifférent qui font les vagabonds et les criminels.

Alors pourquoi, dans chaque commune, ou dans chaque agglomération de trop petites communes, les citoyens qui sont à l'abri des incertitudes de l'existence matérielle ne considéreraient-ils pas, sinon comme un devoir, au moins comme une mesure de préservation personnelle, cette suppression de la misère dans la vieillesse, pour laquelle une urgence trop évidente pousse à mettre en jeu tous les organismes de la société actuelle ?

Les calculs sur lesquels est basé notre travail montrent déjà que ce ne serait ni impossible, ni surtout bien coûteux. Si une population de 1247 électeurs contient 125 sexagénaires indigents, il est visible que pour un indigent, il y a dix hommes à l'abri du besoin. Si on reconnaît qu'une pension de retraite de 180 fr. doit être considérée comme suffisante pour garantir le vieillard de la misère, sans lui assurer un bien-être tel qu'il se croie dispensé de tout effort personnel dans l'âge de la force et des gros salaires, on voit immédiatement que la charge qui incomberait aux plus favorisés du sort ne serait que de 18 fr. par an.

Si même il parait juste d'en faire autant en faveur des femmes indigentes, comme, selon toute probabilité, elles se rencontreraient, dans chaque groupe de population considéré, à peu près en même proportion que les hommes, pourquoi les femmes riches ou aisées de ce groupe ne s'entendraient-elles pas en leur faveur ? Les femmes ne sont-elles pas partout disposées à s'unir pour constituer des sociétés philanthropiques ? ne se rencontrent-elles pas presque toujours parmi les membres les plus actifs et les plus utiles des Bureaux de Bienfaisance ? La dépense serait, il est vrai, doublée pour chaque ménage riche, ou au moins aisé ; mais elle ne dépasserait pas celle que, très volontairement, la plupart d'entre eux, déjà aujourd'hui, s'imposent dans un but pareil.

En effet, on avouera, après y avoir un peu réfléchi, que la cotisation annuelle versée au bureau de bienfaisance de sa commune, les aumônes faites au hasard, ou parfois après enquête, sollicitées à domicile ou imposées dans la rue par l'aspect d'une misère plus ou moins authentique les souscriptions provoquées par les administrations municipales pendant les hivers rigoureux, les loteries autorisées après quelque catastrophe, en un mot l'ensemble de toutes les charges que la philanthropie impose à un de ces ménages dont nous parlons, dépasse de beaucoup, chaque année, cette contribution de 36 francs par an que nous constatons être nécessaire pour la constitution des retraites de tous les indigents sexagénaires, hommes et femmes.

Or, il faut bien reconnaitre, d'autre part, que, le jour où tous les sexagénaires indigents seraient pourvus de la modeste retraite de 180 francs dont il est question, les charges que l'assistance publique impose aux communes et aux particuliers seraient nécessairement diminuées dans une forte proportion ; le budget de la bienfaisance, pour chacun de ceux qui sont en état d'y contribuer, n'augmenterait donc que très peu, et cette légère augmentation serait compensée par de multiples avantages.

Premièrement, chaque agglomération, commune ou union de communes, ayant ses pauvres, bien connus, fortement réduits, et à l'assistance desquels il lui serait devenu facile de pourvoir, aurait le droit strict d'écarter tous les vagabonds, puisque ceux qui n'auraient pas droit aux secours de leur propre commune, seraient légitimement suspects de mauvaises intentions, dépourvus d'un état-civil en règle, et ne pourraient évidemment appartenir qu'à la catégorie des mendiants de profession, ou peut-être même des criminels.

Secondement, on pourrait légitimement espérer, parmi les résultats de cette organisation philanthropique, un accroissement continu de la moralité générale ; tous les mendiants ne sont pas des paresseux invétérés ; il en est que la facilité de vivre au moyen des aumônes entraine et entretient dans le vagabondage, et qui conserveraient ou reprendraient l'habitude du travail, le jour où ils seraient bien convaincus de l'impossibilité de vivre autrement.

Troisièmement enfin, chacun de nous se sentirait délivré de cette inquiétude qui le saisit à la vue d'un pauvre, combattu qu'il est entre la crainte de refuser un secours à celui qui le mérite, et le regret de l'avoir accordé à celui dont il ne fera, peut-être, que favoriser le vice et la paresse.

X

Voilà, dira-t-on, un impôt volontaire dont, s'il reste tel, un certain nombre de gens, sinon riches, du moins aisés, chercheront à repousser la charge. Et alors, retombant sur les autres, il prendra pour eux une importance telle qu'il ne correspondra plus avec leur état de fortune.

Il est à notre connaissance que bien des personnes, déjà aujourd'hui, s'imposent une contribution spontanée supérieure à ce chiffre annuel de 36 fr., tant en aumônes accidentelles qu'en secours réguliers répandus généreusement dans leur entourage. Il est donc permis de croire que les détenteurs d'une vraie opulence n'auraient pas besoin d'être taxés administrativement pour prendre à leur charge deux ou plusieurs de ces pensions viagères, proportionnellement à l'importance de leur propre revenu. De ce chef serait comblé le vide qu'aurait causé l'abstention des autres, soit par une pure mauvaise volonté, soit par une véritable impuissance.

En effet, une pension entière, c'est-à-dire 180 fr., est plus facile à payer sur un revenu de cinquante ou cent mille francs, que la simple cotisation de 18 francs prélevée sur un modeste revenu de deux ou trois mille, qui pourtant peut être considéré déjà comme constituant une petite aisance dans une commune rurale. Ajoutons même que l'obligation est d'autant plus forte que la fortune est plus considérable, puisque le risque de spoliation ou de diminution, en cas de bouleversement social, augmenterait également avec la richesse.

Car il ne faut pas se dissimuler que la suppression de la misère, pour le travailleur affaibli par l'âge, pourrait, avec quelque raison, être considérée non pas seulement comme une mesure d'équité, mais aussi comme une mesure de conservation sociale, destinée à prévoir une révolution peut-être assez prochaine. A ce titre, tous les citoyens assurés de leur existence matérielle auraient un intérêt direct à la solution de cette question. Et même, s'ils voulaient y bien réfléchir, ils ne tarderaient pas à comprendre que, au lieu d'attendre une impulsion administrative qui leur prescrivit ce sacrifice, ils auraient tout avantage à prendre l'avance en se l'imposant volontairement.

Il est de toute évidence, en semblable matière, que, de quelque façon que la société s'y prenne pour arriver à garantir l'existence matérielle du travailleur vieilli et fatigué, — que cela se fasse par une loi, par une contribution communale ou cantonale, par un effort volontaire ou par une contrainte légale, — c'est toujours inévitablement à la richesse que ce prélèvement sera imposé. Faire contribuer les prolétaires eux-mêmes à une mesure destinée à venir à leur secours, ce serait, comme on dit, prendre dans leur poche droite ce qu'on mettrait dans leur poche gauche.

Et à ce propos, il est bon de rappeler ce que nous avons déjà dit ci-dessus de l'aggravation de la détresse du pauvre par le fait des impôts indirects qui frappent sur les objets de première nécessité, et particulièrement sur les denrées alimentaires. Ce qui explique pourquoi c'est généralement à un impôt direct, personnel même, tel que *l'impôt sur le revenu*, que la plupart des réformateurs s'adressent pour trouver les ressources afférentes à la constitution des retraites ouvrières.

Quant à nous nous ne devons pas dissimuler que précisément parce qu'il est personnel, qu'il frappe l'individu et non la chose, et que, pour ce motif même, il peut ouvrir la porte à de graves abus, dérivant des jalousies locales et aboutissant à l'arbitraire, l'impôt sur le revenu devrait être écarté. Nous lui préférerions de beaucoup l'impôt sur le capital. Mais, encore une fois, sous quelque forme et sous quelque nom qu'il soit adopté, personne ne peut méconnaître qu'il demandera inévitablement au riche la contribution nécessaire pour venir au secours des pauvres.

XI

Et alors une réflexion s'impose.

Puisque tout le monde semble d'accord pour chercher le moyen d'arracher le travailleur au dénûment absolu qui menace sa vieillesse ; puisque le raisonnement démontre que, quel que soit le moyen adopté pour atteindre ce résultat, la dépense en retombera inévitablement sur les riches ;

puisqu'un sacrifice fait spontanément mérite plus de reconnaissance que celui qui est imposé par la loi ; le jour où on le voudra fermement, il n'y aura pas de commune, en France, où chaque vieillard indigent ne soit pourvu de la modeste pension alimentaire suffisante pour le garantir contre la faim.

Pour cela, il y a un moyen bien simple, et qui semblerait absolument pratique chez plusieurs peuples voisins : c'est l'association. On proclame les Français *particularistes* et rebelles au sentiment de la solidarité ; pourtant, il faut reconnaître que ce sentiment ne leur est pas si étranger qu'on le dit, à n'envisager que le nombre toujours croissant des Sociétés de secours mutuels et de coopération, soit entre producteurs, soit entre consommateurs.

Que, dans chaque commune ou groupe de communes, il se constitue spontanément une « Ligue pour la protection des vieillards indigents », et la question qui nous occupe se trouvera du coup résolue ; non seulement une pension strictement suffisante sera assurée à ceux qui n'auront pas su, ou voulu, se la constituer eux-mêmes, mais même, auprès des promoteurs et des chefs de cette Ligue trouveront appui, aide et conseils ceux qui, plus heureux ou plus sages, voudront se garantir à eux-mêmes, par quelques modestes économies, une rente supplémentaire qui les mette, pendant leurs vieux jours, dans une aisance relative.

Nous reconnaissons que, par ce temps d'indifférence et de découragement général, on ne peut espérer que ces sortes d'associations philanthropiques se constituent rapidement et partout ; mais on reconnaîtra également que certains milieux, certains groupements de population sont déjà assez avancés dans l'évolution sociale et morale pour offrir les éléments nécessaires de cette constitution. C'est assez ; car leur exemple, le spectacle des résultats acquis stimuleraient et encourageraient les autres, et, de proche en proche, l'idée bienfaisante et vraiment *conservatrice* ferait rapidement son chemin.

Il n'est pas admissible que tant de *Ligues* se forment tous les jours, dans des buts bien moins importants, — Ligue pour la meilleure répartition de l'impôt, Ligue pour la défense de la patrie que personne n'attaque, etc., etc. — et qu'il paraisse impossible, dans le même pays, de former une Ligue des riches pour l'extinction de la pauvreté.

XII

Cependant, il faut tout prévoir. Dans un pays où, de temps immémorial, le monde s'est habitué à tout attendre de la faveur, où, aujourd'hui encore, on choisit un député pour exploiter, à son propre profit, l'influence que ses votes où son talent lui auront acquise auprès des Ministres, où chacun trouve plus simple de faire protéger ses produits par la douane que de perfectionner ses moyens de production, il est à craindre que l'initiative des particuliers se dérobe et réclame des Pouvoirs publics la solution qui nous apparaît comme si facile par le simple groupement des bonnes volontés.

Mais, quoi qu'il arrive, quelque moyen qui soit préféré pour aboutir, il nous apparaît comme probable que la génération présente aura à cœur de résoudre cette question des pensions de retraite pour les vieillards indigents. Et alors, quand bien même le moyen que nous proposons ne serait pas adopté, nous croyons intéressant de faire ressortir les points qui nous paraissent acquis en suite de la trop courte étude à laquelle nous venons de nous livrer.

Or, nous croyons fermement que les conclusions ci-après doivent être considérées comme acquises :

1° La triple coopéation de l'ouvrier lui-même, du patron et de l'Etat ne serait qu'un procédé transitoire, rempli d'aléas, et que l'exemple de l'Allemagne prouve être coûteux dans son application et très médiocre dans ses résultats.

2° Théoriquement, l'ouvrier devrait reconstituer son capital-force, comme le patron reconstitue son capital-argent, au moyen d'économies pratiquées sur le produit brut de ce capital. Mais, pratiquement, la première chose à faire, en bonne justice, ce serait alors d'abroger tous les impôts qui grèvent les objets de consommation de première nécessité, en les remplaçant par une taxe sur la richesse acquise.

3° Un calcul d'une certaine probabilité donne à penser que, dans l'état actuel des choses, le nombre des vieillards sexagénaires et indigents, comparé à celui des citoyens aisés de tout âge, est de un contre dix. D'où il découle deux conséquences : d'une part, que la constitution d'une pension viagère et annuelle de 180 francs assurée à chacun de ces vieillards, coûterait à l'Etat plus de 375 millions ; et, d'autre part, que les citoyens aisés pourraient, en se cotisant dans le même but, en être quittes pour un sacrifice annuel de 18 francs.

4° Diverses considérations, tant en raison du caractère général des hommes que par suite d'exemples bien connus, comme *la loi des pauvres* en Angleterre, amènent à réduire à ce chiffre restreint de 180 francs la pension viagère ; en effet, elle parait suffisante pour soustraire le vieillard à la misère absolue, sans enlever au travailleur le désir, quand ses ressources le lui permettent, de pratiquer les vertus qui relèvent le plus sûrement son moral : l'économie et la sobriété.

5° A supposer que les mauvaises habitudes sociales invétérées empêchent la formation des associations fraternelles au moyen desquelles les citoyens aisés assureraient la pension viagère des indigents, c'est du moins à la commune, et non à l'Etat, que cette charge philanthropique incomberait. Mais, dans l'un comme dans l'autre cas, les communes trop petites et trop pauvres auraient le droit de se syndiquer pour augmenter leurs ressources ; et même, pour éviter des défaillances sporadiques, il serait encore plus à propos qu'un remaniement administratif, imposé par une loi, substituât aux communes une agglomération, munie d'un budget suffisant, et qui pourrait être le canton.

6° Mais, conformément aux vrais

principes de l'économie politique, et surtout pour ne pas accroître cette tendance trop commune à tout demander aux Pouvoirs publics — ce qui conduit tout droit au collectivisme — c'est aux citoyens aisés eux-mêmes que nous voudrions voir prendre l'initiative de cette mesure de progrès, de philanthropie et (il ne faut pas craindre de le répéter sans cesse) de véritable préservation sociale.

7° Enfin, demeurons tous bien convaincus que, quel que soit le moyen adopté pour sauver de la misère le travailleur pendant sa vieillesse, une charge aussi considérable pour l'Etat, pour le canton ou pour la commune, exigera une contribution impossible à faire porter autre part que sur la fortune acquise ; que les détenteurs de cette fortune se donneraient le beau rôle en allant au-devant d'un sacrifice qu'il leur sera impossible d'éviter ; et que, de plus, ce sacrifice serait déjà, en partie, compensé par une diminution des charges imposées aujourd'hui à la plupart d'entre eux par la charité, soit volontaire, soit administrativement organisée.

Si chacun de nous reconnaissait le bien-fondé de nos déductions, et prenait la résolution d'agir en conséquence, non seulement ce que l'on a appelé *la question sociale* serait virtuellement résolue, mais on peut dire que le relèvement moral du prolétariat aurait fait un grand pas.

En effet, en attendant des mesures législatives souvent bien longues à prendre, ou les effets d'une initiative individuelle à laquelle il faut bien avouer que les esprits sont encore bien mal préparés dans notre pays, aucun ouvrier à peu près assuré d'un salaire annuel moyen ne devrait oublier que, par une économie quotidienne de 10 centimes, régulièrement effectuée de seize à soixante ans, il s'assurerait une rente viagère de 509 fr. comme nous l'avons dit ci-dessus.

XIII

Et alors, une combinaison dernière, et qui nous paraît à la fois logique, pratique et acceptable par tous, ressort de toutes les considérations envisagées.

Nous avons écarté la rente basée sur le triple concours de l'Etat, du patron et de l'ouvrier lui-même ;

Nous avons montré que, si cette charge incombait à l'Etat tout seul, il lui serait à peu près impossible de trouver, dans son budget, les ressources nécessaires ;

Pour y intéresser les communes, ou des agglomérations de communes, ou mieux les cantons rendus autonomes, il faudrait un remaniement de toute l'organisation administrative, bien long à opérer, peut-être même complètement opposé à l'esprit étroit de centralisation, et que les protectionnistes et les collectivistes, unis sur ce point déterminé, ne se résoudront pas de sitôt à voter ;

Si, d'autre part, une entente de tous les citoyens aisés, dans une agglomération de population donnée, pouvait, moyennant une souscription annuelle qui ne dépasserait pas, dans l'ensemble, le sacrifice que la charité, tant publique que privée, leur impose, assurer une rente de 180 fr. à tout sexagénaire indigent, le manque habituel d'initiative dans notre pays nous fait craindre que cette solution ne puisse pas se réaliser immédiatement et partout ;

Cependant, on peut affirmer que le sentiment général est à peu près unanime sur le fait que l'ouvrier qui a péniblement travaillé toute sa vie, mérite d'avoir au moins son pain assuré sur ses vieux jours.

Or, les ouvriers eux-mêmes appuient leurs revendications en constatant que, employés, militaires, et tous les salariés de l'Etat, des départements et des communes, ont droit à une pension de retraite dans leur vieillesse.

Mais, tous, ils ont abandonné d'avance à l'administration 5 % de leurs appointements ou de leurs salaires. Et il y en a parmi eux, certes, qui ne gagnent pas plus qu'un ouvrier d'état ordinaire.

Les ouvriers consentiraient-ils un prélèvement pareil pour obtenir le même résultat ?

Supposons-en quelques-uns qui aient la sagesse d'y consentir. Un organisme déjà existant et qui a rendu, qui rend tous les jours de grands services, la Caisse d'Epargne, nous parait tout indiqué pour recevoir le dépôt de ces économies volontaires.

Non la Caisse d'épargne de l'Etat, la Caisse d'épargne postale, mais les diverses Caisses d'épargne privées qui fonctionnent dans presque tous les cantons. Car, fidèles à nos principes de libéralisme économique, nous répugnons à voir s'accumuler, improductifs, dans les caisses publiques, ces énormes capitaux soustraits à la circulation, et qui sont, de plus, une tentation constante pour les administrateurs de la fortune nationale. Tandis que, entre les mains des Caisses d'épargne, ils pourraient devenir des sources de crédit pour les petits commerçants, industriels et agriculteurs, le jour où elles auraient, en France, la liberté dont elles jouissent, pour le plus grand profit de tous, dans certains pays, tels que l'Italie et la Belgique.

Il suffirait que l'ouvrier résolu à se créer une retraite pour sa vieillesse, se fît inscrire à la Caisse d'épargne, en indiquant le nom et le domicile du patron pour lequel il travaille ; à chaque nouvel embauchage, il ferait une nouvelle déclaration ; le patron, avisé par la Caisse d'épargne, ferait lui-même la retenue, au taux consenti par l'ouvrier, et en déposerait le montant à la Caisse. Celle-ci pourrait, en attendant de nouvelles lois, plus libérales que celles d'aujourd'hui, ne servir que d'intermédiaire entre le déposant et la Caisse nationale des retraites pour la vieillesse.

Le livret où seraient successivement inscrits tous les versements, et que l'ouvrier aurait signé lors de sa première déclaration, porterait l'indication de la portion de son salaire qu'il aurait consenti à abandonner ; il ne serait astreint à aucun versement en cas de chômage ; il aurait absolument renoncé à toute espèce de remboursement, mais son titre serait incessible et insaisissable, comme du reste la pension viagère à laquelle il aurait droit, soit à l'époque fixée par lui-même, soit en cas d'incapacité de travail prématurée. Enfin, ses versements seraient faits, à son choix, à capital perdu ou à capital réservé, conformément au barème de la Caisse nationale.

XIV

Nous n'avons pas la prétention d'avoir résolu la question. Nous avons seulement cherché à l'élucider.

Après avoir montré combien l'esprit général de notre législation est contraire aux principes de liberté dans lesquels se trouverait, selon nous, la seule vraie solution, nous avons cherché un palliatif qui nous a paru applicable dans les conditions sociales actuelles.

Nous ne nous dissimulons pas qu'il ne serait accessible qu'à une minorité, celle qui pourrait joindre à un salaire suffisamment élevé les qualités de volonté et de persévérance grâce auxquelles on voit, tous les jours, des salariés devenir des patrons et parfois même des capitalistes.

C'est donc, à proprement parler, à une élite que nous nous adressons; mais l'histoire de l'humanité, depuis

les temps les plus anciennement connus jusqu'à ce jour, démontre que
c'est par l'élite des hommes que tous
les progrès se sont accomplis. C'est
son exemple qui instruit et qui entraîne
les autres. Le jour où quelques ouvriers, par la sobriété et l'économie,
se seraient assuré une pension suffisante pour leur vieillesse, ils seraient
un objet d'envie et d'admiration pour
les autres, et nul doute que la génération suivante ne contînt un nombre déjà
plus considérable d'épargnants.

Que si, pourtant, des études plus
approfondies et plus complètes démontrent la possibilité de créer législative-
ment, à tous les ouvriers sans excep-
tion, une pension alimentaire pour leur
vieillesse, il nous semble qu'il résulte-
rait encore de notre modeste travail
que le taux de cette pension ne devrait
pas être supérieur à 180 francs : d'a-
bord, en raison des charges, peut-être
disproportionnées, qu'un chiffre supérieur imposerait à l'Etat, aux départements ou aux communes ; en second
lieu, parce qu'une retraite d'un taux
plus élevé pourrait paraître suffisante
à presque tous, et que cette pensée
paralyserait l'esprit de prévoyance et
les habitudes de sobriété qui caracté-
risent, dans notre pays, ceux que nous
nous plaisons à proclamer l'*élite* des

travailleurs.

Mais, au-dessous de cette élite, il y a encore ce que l'on peut appeler le véritable *prolétariat*, dont le nombre diminuera sans doute, mais dont la portion inférieure ne voudra, ou ne pourra de longtemps s'assurer, par ses propres efforts, une vieillesse supportable. Aussi — et c'est bien dans l'espoir d'atteindre ce résultat que nous avons entrepris cette étude — il nous paraît démontré que la société actuelle ne saurait. bien longtemps encore, se soustraire au devoir d'assurer le pain quotidien à tout vieillard indigent ; et — ce qui vaut mieux encore — quel que soit le facteur principal de ce progrès, Etat, Commune, Initiative individuelle, que le sacrifice nécessaire qui incombera à la richesse ne sera pas insupportable pour elle.

. Dans de semblables conditions, la réalisation de ce projet de conservation sociale, *Les Pensions de retraites pour les vieillards*, est absolument possible dès qu'on le voudra fermement. Puisse-t-elle se faire aujourd'hui plutôt que demain !